아득하고 멀도록

인문학 시인선 002

아득하고 멀도록
은월 김혜숙 제3시집

제1쇄 인쇄 2023. 6. 15
제1쇄 발행 2023. 6. 20

지은이 김혜숙
펴낸이 민윤식
펴낸곳 인문학사

등록번호 제 2023-000035
서울시 종로구 종로19 르메이에르 종로타운 1030호(종로1가)
전화 : 02-742-5218

ISBN 979-11-983214-2-8 (04810)
979-11-983214-0-4 (세트)

ⓒ김혜숙, 2023
Printed in Seoul, Korea

*잘못 만들어진 책은 본사나 구입하신 서점에서 교환하여드립니다.
*이 책은 저작권법에 의해 보호받는 저작물이므로 저작자와
 출판사의 서면동의 없이는 무단 전재와 무단복제를 금합니다.

인문학 시인선 002

은월 김혜숙 제3시집
아득하고 멀도록

인문학사

시인의 말

산천 초목이 물오르는 때
내 안에 내밀한 속내를 속삭여
세상에 한발 두발 세발 내민
염치가 부끄럽게 꽃과 나무에
말 걸어 얻어낸 하나하나의
내 것이 되어짐에 감사와
그 수고가 아득하고 멀었다 가까움이 되었습니다

세상의 흐르는 순리 안에
연록에서 진 초록 그 안에서
잉태 끝에 또 한 권을 묶었으니
선하게 굽어 봐주시길 간절한 부탁입니다
항상 감사로 살겠습니다

2023 신록이 눈부신 초여름
봉재산 산자락 농막에서
김혜숙

contents

005 시인의 말

제1부

012 봄을 기다리며
013 당신을 꽃이라고 부를 때
014 꽃
015 꽃다지
016 꽃샘추위
017 살구꽃
018 꽃이 지네
019 깨닫지 못한 이야기
020 꽃 나무 하늘 구름 그리고
021 꽃 폭탄
022 무궁화답게
023 지나고 나면 다 꽃피는 때였다
024 다름에 대하여
025 비우고 살자
026 넘지 말아야 하는 일
027 계절은 오고 난 간다
028 고대산 입구에서
030 온다는 것은

제2부

032 깊고 푸르게 여무는 날
033 그러니 사람이다
034 울어서 되는 것은 아니었다
035 풍만한 계절
036 자두
038 호박
039 계절 나기
040 고추를 따면서
041 가을 강
042 가을 저편
043 가을비니까
044 강 그리고 하늘 또 구름
045 기억
046 감 값
048 그 사람
049 겨울로 가는 길
050 장자호수공원 소묘
052 폭설

제3부

- 054 또 한 생이 넘어간다
- 055 바라보는 쪽이 선명하다
- 056 무언의 기도
- 058 거듭 사는 일
- 059 그 무엇
- 060 그럴 줄 몰랐습니다
- 061 살다 보니
- 062 생각지 않는 날
- 063 이도 저도 아닌
- 064 오목해지는 날
- 066 자꾸만 삐딱하게
- 067 지상의 모든 이에게
- 068 첫 새벽 같은 겨울 같은 늦여름 같은
- 069 하염없습니다
- 070 하루
- 072 연하리 오랑대에서
- 074 하지

제4부

076 아득하고 멀도록
077 하늘공원
078 구월
079 노란 나무 부채
080 풀물
082 다시 온 계절
083 노란 편지지
084 비가 오는 멜로디
085 그가 왔네
086 그 안에 내 모습이 있습니다
088 그래도 그립다
089 사랑한다면
090 인연
091 광화문에서
092 그 별빛 그 밤바다

시집론
095 직관과 정곡의 시학의 아름다움 /조명제

제1부

봄을 기다리며

겨우내 끝 땅 아래 세상은
음모로 깊숙이 사투가 벌어지기 시작하고
치열한 들끓음과 용트림이 시작되고
수많은 군상이 부화하여
세상에 튀어나오기 시작할 때

태양은 그 두꺼운 손으로
토닥이며 천천히 천천히
중재에 들어가고 우리도 또한
오므린 온몸을 펴며 해동

봄이 세상을 답게 만드는
곧 완벽해지는 순간

당신을 꽃이라고 부를 때

누구의 여인인지
흘겨보는 질투의 눈길마저 당당하다

내 심장을 흔들며 헤집고 들어오는
너의 격렬한 눈길 어느 누가 감당하리

나뿐이겠느냐
그도 그랬으리

장미의 홀김
하늘도 타락한 날

꽃

꽃은 마음에 있기에
보지 않아도 꽃이고
닿지 않아도 꽃이고
늘 그대로의 꽃이다

내 꽃은 사랑이기에
피지 않아도 꽃이고
다 시들어도 꽃이고
지고 없어도 꽃이다

당신은 늘 꽃이기에
꽃보다 더 향기롭고
꽃보다 더 아름다운
세상 제일의 꽃이다

당신은 항상 그렇게
살아서도 내 꽃이고
죽어서도 내 꽃이다
영원한 꽃은 당신뿐!

바로 당신이
세상 제일로 아름다운 꽃입니다

꽃다지

우렁우렁
피어나는
전원의 봄 교향악

하늘에 핀
뭉게구름 한 점

땅 위에 핀
꽃 한 송이

누군가 오래전
꽃씨를 심어 두었던

사시사철
강인하게
지켜 낸 참한 꽃

꽃샘추위

가만 보니 완력을
쓰는 때가 된 봄

땅에 기운이 세지면서
네가 잘났느니
내가 내보낸 꽃이
예쁘고 잘 났느니
서로 깔아뭉개는
기운이 살얼음판에

시샘하는 꽃샘추위도
대단하다

누구는 피운다고 난리고
누구는 방해 놓으며 빈정대고
그 중에 시누이처럼 바람 잡는
꽃샘추위는 심술부리고

봄의 질투는 하늘에 사다리를
놓고 오르내리고
평화는 그냥 오는 것은 아니어도
사부작사부작 배려도 하면서

살구꽃

밤 사이 누군가 불꽃을 이루었나
아파트 정원은 꽃밥이 하늘 가득

경로당 입구에 활짝 핀 살구꽃
고단한 몸 곧추세우더니
겹주름 펴기도 전에 한쪽 눈
살짝 감았다 뜨며 화르르 벙글고

백발 된 지붕은 한없이 숫자를 센다

꽃이 지네

벚꽃이 피는가 하더니 지고마네

꽃바람 치맛자락 날리며
연분홍은 흩날리고
여인의 사랑은
저 멀리 너울너울 흘러가는
짙푸른 잎사귀에 슬픈 연서를 쓰네

깨닫지 못한 이야기

어느 사이 꽃잎이 주고 가는
설교를 반복해서 탑처럼 쌓다가
혼선이 와서 기억이 쇠했다

그들의 화려한 삶
튼실한 결실의 연막
그로 인한 목적 달성
그 속내를 끝내 알아듣지 못했다

꽃잎의 사후를 맞은
초월의 순간 연막을
짙게 피우다 가는 이유

그 현란했던 순간이
우리에게도 있었음에
열매를 거두고 목적 달성에 이룬
꽃잎이 주는 그 깊은 내력과
간절함 난 알아듣지 못했다

꽃 나무 하늘 구름 그리고

가슴을 부르는 소리
흔하고 흔하기에 더러는
거저 갖다 쓰며 하찮게 여기는
쥐어짜는 감정들

물길이 내리며
걸림돌에 돌아가듯
그저 세상 순리의
결을 따라 걸어가야지

꽃이고
   나무이고
   하늘이고
   구름이고
그리고 사랑을 꼭 쥐는
내 풀꽃 같은 시 하나

꽃 폭탄

어떠한 죄를 지었건

어떠한 선한 일을 했건

이때쯤은 꽃 폭탄에 온 전신으로

꽃 멀미하고 가슴 울렁이다

꽃 파편 튀는 벚꽃 세상

용서를 베풀고 또 유유히 가는 것입니다

후일도 그러리라 봅니다

무궁화답게

단아하게 피어서 본분을 다하고
휘장에 또는 위상에 그 모양대로 새기고
생명이 다한 날엔 한 치도 흐트러짐 없이
밀서를 돌돌 말아 접어온 온갖 임무를 다 껴안고
어떠한 발설도 용납지 않은 채 꾹 담은 너의 무게가 느껴진다

지나고 보면 다 꽃피는 때였다

잠시 동면에 들어 그 깊은
어둠 속에서 잠들다 또다시
피는 날이 있다는 것만도
숨이 쉬어지는 일

지면을 들썩이는 때가
멀지 않으니 좀더 인내하는 것
살아 있음에 할 수 있는 것
존재감 없어도 존재를 꿈꾸는 일도
공기층에 비집고 있는 그 무엇의 힘
그것 때문에 없는 존재감도 숨 쉰다
곧 꽃 피는 날이 온다

다름에 대하여

원래가 뒤뚱대는
삶이기에 어색하지 않으며
초식동물과 육식 동물이
다르고

사람만 잡식이니
세상에 제일 무서운 것이 인간
그러나 다름을 인정하고 사는 것

그것은 인간이 생각하는
뇌라는 것을 가졌으니 쪼개고 쪼개서
조금의 다름을 인정해야 된다는 것을
날개 있다고 다 날 수 있는 것이 아니며
동물이라고 해서 다 같은 종류
먹이를 먹는 것이 아니듯

세상 사는 방식은 더 쪼개고
다 틀린 것으로
자신이 가진 이기적 잣대를 대지 않으며

비우고 살자

수년 동안 제 곳을 찾아간 적
없는 집착을 널브러 놓고
골라내기로 했다

내 몸에서 벗어낸
묵은 것을 다 꺼내
방바닥에 두고
주섬주섬 고르다 보니

옷마다 사연이 가득
기억을 살려내자마자
미련을 덮어버리고 말았다
44
55
66
……
어느 사이 세상 덤에 덤을
쌓아 몸에 두르고 또 욕심부린
미련 덩이와 함께 아파트
재활용 수거 박스에다
옷장 한 곳 분량을 비워서
내다 버렸다
뭐가 중한지 알겠다
법정의 말씀이 옳다

넘지 말아야 하는 일

큰 바가지에 물을 떠서 마시면
많이 마실 것 같지만
내가 마시는 양에 한계가 있다

작은 바가지의 물의 양도
큰 바가지의 양도
내가 감당하는 양만 마실 수 있다

그와 같이 모든 것에 자기가
감당할 수 있는 양을 넘다 보면
탈이 난다

높은 산기슭 절을 향해 오르면
물 공양이 먼저이다

절간 수조水槽에
여러 바가지가 있고 그물을 받아 놓은
물 우물은 항상 넘치고 있다

우물도 담을 수 있는 양이 있기 때문 아닌가

그저 그 한계를 넘지 말자

계절은 오고 난 간다

어느 사이 꽃잎이 주고 가는

설교를 반복해서 탑처럼 쌓다가

혼선이 와서 기억이 쇠했다

그들의 화려한 삶

튼실한 결실의 연막

그로 인한 목적 달성

그 속내를 끝내 알아듣지 못했다

꽃잎의 사후를 맞은

초연의 순간 연막을

짙게 피우다 가는 이유

그 현란했던 순간이

우리에게도 있었음에

열매를 거두고 목적 달성에 이룬

꽃잎이 주는 그 깊은 내력과

간절함 살아내는 동안 알아듣지 못했다

얼마간 잘 살다 가는 길이 아름답다 하리라

고대산 입구에서

겨울날 고대산 초입에 가서
손 두부 집 비닐 문 쓱 열고 들어서면
장작이 활활 타고 수월치 않고 만만치 않은
주인 여자가 온종일 입에 단내를
풍기며 걸쭉하게 등산객을 맞이한다

큰 화덕 철판에 돼지고기 지져가며
두부에 김치를 싸서 먹다 말고
걸쭉한 욕지거리 속에 뭇 사내들은
등짝을 된통 두들겨 맞거나 세상에서
젤 추잡한 욕을 먹게 된다

주인 여자의 습성을 알고 있었다는 듯
그들은 주문할 음식을 독촉하다가도
오히려 기다리라는 따가운 눈총 받고
통 큰 웃음을 흘려가며 자연스레 흔히
있는 일이라며 설렁설렁 툭툭 던지고
넘기는 두붓집광경

어디서 무엇을 하고 온 사내인지
어디서 무엇 때문에 다 놓고

온 여인인지 다들 모른다

그저 눈이 퐁퐁 오면 눈물 맺힌
결정체를 쏟아 내기 위해
미친 듯 그 상고대를 찾아
자기 가슴에 대고 찔러보기도 하고
또는 잘라서 심장에 넣었다가
산에서 내려와 엄한 두붓집 여자에게
실없는 소리를 하고 또 서로
말이 엉겨 붙어 하늘에서 머리체를
서로 잡고 뒹군다

승부가 없는 일
다만 속에 담긴 응어리를 쏟아 내고
계산대에 결제하고 모두 돌아간다

신탄리역에 바람이 불고
눈이 펑펑 오는 날은
나와 눈과 바람과 까닭 없는 전쟁과
그들이 와서 욕을 먹고 욕을 사고
세상 욕을 다 내려두고 간다

온다는 것은

피고 지는 일이
꽃만이 하는 일이
아니라 하니 사람의 일도
흐름에 가고 또 오는 것

봄도 때가 되면
그들의 생과 삶이
단단한 지면을 뚫고
용감이 온다는 것도
겨우내 우리가 모르는
그 어떤 것이 있었으리

바라지 않는다면
생각하지 못하는 것

그러나 다가선다는 것은
기다리는 것보다 기쁜 것

먼저 베풀고 먼저 열고
그보다 내가 넓어야
그가 온다는 것

제2부

깊고 푸르게 여무는 날

마른 창공은 문을
활짝 열어 받아들인다

벌과 꿀이 서로 안고
깊고 푸르게 여무는
날을 맞이하고

난 깊어가는 사랑의
전갈을 꽃송이에 밀어
넣고 그들의 답장을
나란히 펼쳐 보려 한다

아름다운 초원의 들녘
활짝 펼쳐진 칠월은 은밀하다

그러니 사람이다

발 디딜 틈도 없는 잡풀 무성한
묵정밭에 꾸구리고 앉아
한심한 세상을 본다

이 하루도 하릴없이 썩히고 말았다
쥔 것 하나 없이 뒹굴다 언덕에
노을이 진 것보고 저녁인 줄 알고

누구나 아침에 눈 뜨면 자기 할 일 하러
안간힘을 쓰며 밀림 숲으로 떠나는데

밀림에서 우르르 쏟아지는
선량한 초식동물들과
사나운 짐승 함께 하는 밀림

세상이 바뀌고 세월 흐름에도
눈만 뜨면
변함없이 사느냐 죽느냐에 있다

울어서 되는 것은 아니었다

나무와 꽃은 자신이 스스로
일부러 우는 일이 없다

어느 날 바람이 불어서 한쪽이
떨어지거나 부러져도 울지 않는다
바람 불고 천둥
뭇 짐승 앞에도 혼자
견뎌야 하고 참아야 하는 일이니
우는 일을 잃었으리라
오직
비가 오는 날에
날마다 애썼다
쓰다듬어 주는
비가 대신 울어주는 일로
감사해서 행복하여 꽃과 잎으로
더 빛을 내는 일

울타리를 가진
나는 울어서 될 일이 아닌데도
간혹 운다
함부로 꺾어 걸어두고
그만 시들어 버린
꽃과 나무를 보며 운다

풍만한 계절

어제 그제 그 적은 비에도
자연은 기특하게 완만하고
풍만하게 자기 반경을 넓힐 줄 알며
인간에게 베푸는 저 통 큰 베풂
여름날 뜨거운 햇빛 가림막을
위한 저 넉넉한 인자함의 감사

저 혼자 두 배 세 배 스스로 늘리며
겨우내 그 지긋지긋했던
누추함에서 벗어나
창궐한 부를 늘려가고 있는
저 배짱 감사가 넘칩니다
이 넉넉함의 자연에
일깨움
몸 불리는 나무들

자두

은월마을*에 자주 못 가 보는 상태라
우리와 같은 땅 위치에 있는
별장을 둔 모 대학교수님께서
강의 없으시면 거의 와 계시기는 하는데

그해는 강의 교재를 새로 만드시고
논문 쓰느라 마당을 못 나와 계셔서
목격을 못 했다고 안타까워했었습니다

세상에 귀한 것은 소문내지 말라는
외할머니 말씀이 생각이 났습니다

살면서 상처 입고 힘이 드는 일은
좋은 것과 나쁜 것이 있으니
그 존재의 가치를 귀하게 여기면서
소중하게 잘 보존해야 함에도
그것이 지나칠 정도로 사방으로
발설하고 나면 그것으로 인한
상처가 크다는 것을 몰랐다는 것

자두나무는 아무것도 안 했는데

자두는 상처 받았고

그로 인해 너도나도 마음이 상했으니

그 후 은월 마을에 잠시 소문이 났습니다

"요즘도 서리꾼이 있어."

*은월마을 : 양평 옥천면 용천리 농장동네

호박

구린 구덕에서 커 간다고
달덩이보다 아름다움에도
색깔과 겉모양 비교로
결론 내 버리는 세상 흐름

결국 호박이 얼마나
호박 되기 위해 구린 것을 참고
계절 내내 나비와 벌떼들이
하루도 멀다고 현관에서
소란 피우고
생명까지 위협해 가며
피 빨고 살을 찔러댔고

벼락 맞고 빗속에서 울고
어둠에서 떨고 뜨거운
태양의 용광로 속에 숱하게
견디고 둥그레진 것인데

끝내 치마 속을 더듬고
함부로 손 내미는 염치도
허드레 호박이기에
참고 산 삶
우리 집 만 가지 반찬 되는 일

계절 나기

점점 허공이 뭔가 궁리를 하는 듯
계절과 짜고 그 토막에서 토막이
연구 중인지 수선스럽다
어딘가 가을 한쪽 모서리에
줄 세워 차례 기다리며 으스스한 기운이
염탐 중인 오늘의 공기가 수상하다

아니 벌써
가을 냄새가 나는 거 보니
고추 잘 마르겠네
농부의 얼굴도
입 주변으로 갈꽃이 핀다
어느 사이 나뭇가지도 무성한
그들의 얼굴 위에도 열매가 가득 맺혔다

여름 내내 땡볕에
풀 뽑기 풀 깎기 하는 동안
어느새 계절은 찬찬하게 선을 긋는다

고추를 따면서

줄 만큼 주시고 받을 만큼만 주신다

작년 고추 수확은 풍작이라
고춧가루로 육십 근을 만들었다

작년에 많이 줬으니 올해는 적게 먹으라 한다
고추 수확하면서 세상 공평함을 또 깨달음 받는다

탄저병에 잦은 비로 물러터진 고추의
고약한 냄새를 맡으며 그만큼만
더도 말고 그만큼을 배운다

자연은 언제나 공평하다

가을 강

한참 만에 비가 왔다
그해 초가을에도 비가 왔고
난 옛 공원 내 어린 산책로를
찾아가 그 단풍잎을 보고 눈물이 났다

그때의 그 하늘 강에 내 어린 날
낙서가 잔뜩 든 숨겨 놓은 노트를 찾아내 울었고
그리고 코앞까지 내려온 하늘이 두려워 울었다

그리고 내 나이만큼 깊어진 그 강이 속절없어
바보스러움에 또 울었다

가을 저편

뼈 시린 바람이 지나가며
해는 식어 등 돌리고 황톳길을 따라
바람과 돌산 깊이 풍란을 거쳐
떨어져 찢어지는 존재들과
언젠가부터 망아忘我에
젖는 계절 오고
그 못 잊을 들길을 걸어 닿는 곳
그 어디쯤

가을비니까

달리는 차창 볼 살며시
만져주며 비켜 가는
네가 괜스레 좋다

고개 들어 하늘 향해
치켜든 먼 시선의 슬픔 같은
또르르 구르고 그 줄기 따라
하나씩 교대하며 내보내는
그 깊어가는 밀착

한 잎씩 뚝뚝 심장이 발치에
닿는 마른 잎 나보다 아래
가을비는 그래서 더 좋다

다가오는 날에 모두
쓸고 가고 헐벗는 날
철저히 비루해져도 좋다

강 그리고 하늘 또 구름

온종일 마주 봤다
높아서 내려
볼 때 심하게 울렁했고
낮아서 올려
볼 때 심하게 갈급했다

이제 가을로 가자
가을로 가서 우리
격하게 깊어지자

기억

가을이 몰고 오는 마차는
하얀 손 거머쥐고 몇 날 며칠
동쪽 햇살에 고개 들고
너울너울 넘어 들고

온종일 오지 않는 사람에
안부가 궁금해 까치발 들고
서쪽 하늘에 길을 만들어
비질하며 떠나가는 허무함

억새 핀 가을
파란 목울음에 울컥 베인다

감 값

일이라고는 몰아서 가는
번잡한 삶을 벅벅 기어가듯
남한강을 스치며 가다
곤지암 도로변에
감, 마흔 개 씨 없는 감
판자에 아무렇게 쓰여 있다

돌담 안에 늙어서 구부정
굽은 등을 밖으로 얼굴 내민
감나무가 한없이 꺼억꺼억
울었다 까치가 운 것처럼

아들 못 낳고 울던 할머니의
속내가 거기에 있었다
그 씨가 없어 울었던

순리를 저버리고 세상에
죄를 짓고도 붉고 달콤하게
젖무덤을 내내 앓았을 저 영악한 삶

누가 여기 속 빈 강정으로

내다 놓았단 말인가

즐비한 가을 나무들이
앞다투어 제 몸을 자랑하는
그 강을 지나는 갓길에서
한참을 씨 없는 감 마흔 개가
세상과 감을 사 들고 가는
사람들을 조롱했다
씨 없는 감도 제값은 있다

그 사람

내 꿈밭에
누군가 꽃씨를 심고 갔다

하늘에 핀
구름

사시사철
우러르게 하는 사람의
발자국이 향기롭다

겨울로 가는 길

전신을 벗어내는 가로수
세상이 그의 몸을 흔들어 억세게
밀어붙일 뿐 그는 존재의 가치만큼
남루해도 거리의 낙엽보다 행복하다

추위에 웅크린 헐벗은
온몸을 타고 오르는 햇빛 찾아
떠도는 집시라 해도
세상의 존재가치를 더 빨리
추월하고 싶은 야망이 있다

더러는 그 보헤미안을 꿈꾸며
살아온 세월 쥐고 밤의 향연
화려한 샹들리에 불빛 곁에서
꿈꾸고 미소 짓고 가열하게

한 계절 다 받아내는
바람에도 까딱없는 굶주린
손수레 미는 사람

장자 호수 공원 소묘素描

어느 사이 호수 공원
길목엔 연신 뻥튀기
장수가 팔 운동을 하고 있다
뻥튀기 터지기를 귀를 막고
엎디어 있는 풀꽃들

주먹을 쥐며
누군가를 향해 대들 기세로
잔뜩 성이나 있는 나무의 새순

봄에 전령은 남녘에서부터
출발해서 촛불을 치켜들고
전진해 오는 소식

동네 장자 못 호수 공원엔
목이 잘린 가지마다 갈잎이
아직 남아 대롱거리고
잔디밭엔 검불 이불 덮은
풀꽃은 빼꼼히 내다볼 뿐
아직 때가 아니라 하는데
성미 급한 사람들만 뱅 뱅 돌며

어서 싹 틔우라고 부추기는 날

화원마다 국적도 모르는 꽃들
색색으로 현혹하며 들과 산에
꽃들이 피기 전에 얼른 입양해 달라
오가는 사람들만 현혹하고
겨우내 억눌렸던 무거움을 쏟아 내듯
과소비를 손에 가득 들고 다니며
봄을 밟고 가는 발길들

폭설

당신이 흰 마차를 타고
찾아왔다지요.

온 세상에 그 전쟁 같은
세상을 눈 폭탄을 투하하시면서
무엇을 원하시었는지 알고 있습니다

그러나 폭군들은 전차를
몰고 세상을 지배하며
절대 넘겨주고 싶지 않다 합니다

그러나 폭설 속에
포로로 포위되면
당신이 옳음을 알게 될 것입니다

폭군은 물러나고
세상은 하얗게 하얗게
색칠하면서 백기 투항하는 모습을
볼 줄 압니다

제3부

또 한 생이 넘어간다

기어이 오고 만 것입니다
시원한 바람 청아한 하늘 높이고
잔잔히 무르익은 들을 데리고 선득선득 온 것이다

그를 모시고 잔을 부딪고 그간의 뜨겁고
끈적하고 짭조름한 싸움 끝에 피폐해졌으나
힘겨운 싸움 끝에 인내한 시간

잡초처럼 불굴의 뻔뻔함으로 그 모든 것의
시작과 끝에 서고 보니 풍성한 결실 앞에 두고
휘휘 돌아보게 된다

싸움에 진 것은 진 것이고
스스로 우뚝 선 것은 뿌듯하다
그것이 삶이고 진념參念이고 사람의 삶도 같다

넓은 들에서 얻고 좁은 길에서 배우고
높은 산 앞에 엎드리고 텃밭에서 깨우친 것
아침엔 정원 잡초 뽑으며 저녁에 숯불 굽고
잔을 들며 또 살아가는 것이다

바라보는 쪽이 선명하다

한없이 긴 여행을 한다
귓가에 맺히는 숨소리 하나에도
가능하지 않은 미련들이 쌓여
갈림길로 나누어지면서 파열음이 나고
그것을 모아 음성으로 흘려 내어
물가나 산기슭이나 강마루에
바람이 휙 몰아서 불어오면
시야에 비치는 것들이 한꺼번에
확장된다

그러니 잡다한 것들에 얽매여
지내 온 것이 어리석게 되는
마음 크기가 풍만해지고
선명하게 확신을 건져내는 것
삶이 얹어 주는 기특함이다

무언의 기도

저녁 한 끼를 같이하기 위해
한 사람을 만났습니다
싱긋 웃는 얼굴은 변함없었는데
여느 때와 다르게 마주한 모습은
눈꼬리가 내려가고 얼굴은 창백하며
말꼬리가 흐려져 있었습니다

벌써 결혼한 지 20년이 되었다고
강조를 하면서 길 잃은 아이처럼
자꾸 애먼 소리를 내뱉고 웃었습니다

그러고 보니 우리도 그보다
몇십 년이 더 지났다는 걸
새삼 느꼈습니다

그 동안 찬물 몇 잔이었던가
등 몇 번 돌렸던가
눈 몇 번 흘겼던가
서로의 고집으로 갈굼과
원망 몇 번이었던가

오늘은 이것들이 저 한 사람의
푸념이 아니었기에 우린 소주를
마시며 그 몇 번이라는 문제의

잔을 연거푸 들이키며 제자리를 맴돌았습니다

결국 막차가 끊긴 시간
그를 택시에 실어 보내면서
집채만한 무게가 느껴졌습니다
돌아가는 사람의 등덜미는
웃고 있지만 어깨에 바람이
푹 꺼지면서 스르르 빠지는
소리를 보고야 만 것입니다

사랑이란 살면서 변하면
얼마나 더 긴 시간이 흘러야 종착지에서
다시 만날 수 있는 것인지
그것은 아무도 모를 것입니다
행복이 어디쯤 있는지
우리도 알 길 없기 때문입니다

깊은 마음의 여행 중인
그를 보면서 그저 기도 할 뿐
각자의 길이기에 우리가 해줄 것이
아무것도 없어 말을 줄였습니다
그를 보면서 우리가 걸어온
길을 봤기 때문입니다

거듭 사는 일

가볍게 하루를 보내는 일이 버겁다
보이지 않는 무언가에 휘둘리고
도로에서
강에서
하늘에서
오염의 물질들이 마음 속까지 쳐들어와
두뇌를 점령하고 하물며 손과 다리에도
오독을 낳는 그런 얼빠짐이 반복되는 시간
난 도대체 언제부터 불행했다는
통지서를 받고 그것을 견디기 위한
단련을 거듭 연습했을까
그 소란 속에 견디지 못하고
점점 헤매는 삶에 겨우 연명하는
삶이 가을나무 등속처럼 텅텅
소리를 내며 너절하게 살아온 것은
왜 몰랐을까
시지프스의 끌고 가는 힘을
빌려 올라가고 또 내려오며 살았다는 것을
애써 외면한 채 거듭 살기 위해 노력은 했던가
그것을 깨달은 것은 이미 넘어온 날이다

그 무엇

한없이 떼창하는 짧은 시간이
점점 접어져 띄엄띄엄 공간을 만들며
여름내 쌓던 묶음도 지쳐가는 일상

끝없이 타는 불볕에 먹을 갈아오던 때도
한낮에 긴 그림자도 돌돌 말아 접는
하루의 긴장 늦출 때쯤도

그 동안 무슨 생각으로 우리는 때마다
아낌없이 남은 조각까지 꿰맞추어가는
시간을 담아 왔을까

생을 넘어 저곳까지 가는 길이
희미한 길이라는 것을
남은 생이 짧아 걸음이 총총한
그 무엇을 물어보는 그런 물음

하루를 접고 나면 그 무엇은
돌아보았던 걸음 수를 세다
저 구름 사자처럼 뜬눈으로 날이 새 버린다

그럴 줄 몰랐습니다

우리는 알지 못했습니다
오늘 한 일이 소중하고 행복이었음을

어제의 그 일도 당연함이 아니었고
힘겹게 해온 일상이 오늘 그리움이니

이렇게 당신의 그 하찮은 것이
보배로운 절실한 보물 같은 시간이었음을

당연하고 귀찮은 그 일이
당신의 거리와 내 거리가 얼마나
애틋하고 살가운 일상이었는지

점점 거리 두기 삶이 되고 보니
당연하지 않은 일상이었음을

살면서 숱하게 등 돌리며 산 것이
가깝고도 먼 앞산이었던 그 산을
넘어보면 바라보는 쪽이 또 앞산일 뿐
편견에서 벗어나지 못한 뒷산이라는 것

당연한 일상이 그리울지 미처 몰랐습니다

살다 보니

어쩌다 보니
우리는 늘 쥐고 담는 손으로
만족하기도 울분하기도 한다

결국 손을 펴고 갈 일을 잊고서
피가 가장 뜨거울 때
꽃을 피웠고 또 비루해진
모든 것이 더 나아질 수 없으면
어제보다 오늘 잘하면 될 것이며

우린 사랑하기 위해서
용기가 필요하듯
버릴 용기도 필요하다 했다

지상에 스며들고 난 후
세상에 진한 흙냄새 하나
남기고 가는 일이면
족하지 않겠나 그것이면 된다

생각지 않는 날

분홍 분홍이
설레설레 눈길 주는 한때

여느 때와 다르게
날씨는 맑아 건강이 걸어서
머리로 쏟아붓고 광합성의
진로가 온몸에 침투해
세상에 뒤엉킨 격한 날
악귀의 세상을 몰아낼 듯

가을도 아닌데 봄의 창공은
바늘로 콕 찍으면 터질 듯
수분이 가득 먹은 듯 맑아
괜스레 푹 젖게 되는 날

누군가의 들이미는 격분에
서러움이 들어차네

이도 저도 아닌

하루가 길어서 아니 지루해서
꼬리를 자르고 하늘을 봅니다
온종일 무엇인가에
집중한 시간 폭염이 어수선해서
늘 마음이 짭조름한 하루가
부담입니다
깊어가는 여름의 창공에 누군가
아직 밟고 가지 않은 숫눈이
두둥실 앉아 있습니다
지상이 떠받고 있는 저 눈밭을
내가 밟고 숫처녀로 가고 싶습니다
그렇게 처음으로 돌아가고
싶은 것은 청청한 하늘 때문은
아닌 것 같습니다
노을 자꾸 짙어가고
아침은 늘 바쁘기만 하는
일상이 어쭙잖게 늙음이
괴롭기 때문입니다

오목해지는 날

하루하루 달그락대고
밤이 되면 밀려드는 무게감
오늘은 여기서 내일은 저기서

깊숙이 세월 싸매고 우왕좌왕
시간 보내며 뭘 했을까 뒤돌아본다

우물을 파고 몸에서 샘이
솟아나는 피로감이
오목하게 똬리를 친다

가을 탓 해야 하나
계절이 삐거덕
사립문을 열며
고개 내미는 하루가 버겁다

살아가는 것이 낙하이면
눈뜨는 일도 두려운 것
슬며시 오목하게 조여 오는
조용한 손이 보듬는다

잘 지냈으니

더 견뎌보자고 다독이는
안 보이는 곳에서 힘 보태며
무언가에 삶을 재정비하듯
가을 창공에 마음 띄우는 날

솜털 구름 끄트머리라도
붙잡고 싶고 실컷 울고 있는
하늘이 오목한 하루
나팔꽃은 주먹을 꼬옥 쥐고 있다

자꾸만 삐딱하게

사는 게 힘들다고 전화 온다
너 그렇게 살지 마
그녀 전화

세상 깨끗하게 사는 척해도
완벽하지 않아
잘나서 힘주고 고고한 척하면서
턱이 하늘로 올라가면 다니

나처럼 실없이 웃기도 하고
한 잔도 나누고 웃다 보면
헛소리하며 삐딱해도
다음날이면 새로 하루 산다

시장 한 바퀴 돌고
동네 마실 나가서 모르는 얼굴들
자세히 보면 너 같고 나 같고
다 같은 앞모습과 뒷모습이야

주고받는 흥정이 어디 가나 밀당 가운데
다 삐딱하게 생겼다가 원상복구야
밑져야 본전이지

그래서 자꾸만 삐딱하게 살아도 본전이다

지상의 모든 이에게

그 긴 미로의 길목을 지나쳐
나와 얼굴을 가린 모든 세상의
당신께 오늘을 그렇게 아프게
견디고 가지만 누구도 예측 못한 일

어제도 그제도 당신과 마주한 삶이
참담한 날로 가득하지만
우리 두 손은 잡을 수 있어
이 겨울에 온기를 나눌 수는 있잖은가요

당신과 나란히 바라보는 세상도
앞은 보고 있지만 생각의 방향은
다름을 알고 있어요
그럴지언정 우리 함께라는 것만은
잊지 말고 견디어 가요

오랜 이 시련을 견디다 보면
또 한세상을 맞아 그 세상도
다름의 세상이 올 것임을 잊지 말고
우리 마음만은 단단히 해가요
꽃도 새도 나무도 산도 들도
하늘도 그러하듯이

첫 새벽 같은 겨울 같은 늦여름 같은

고요하다 그저 고요하기를
강가에 앉아 널 보고 있노라면
어느새 멀찌감치 자리를 옮긴
달이 와서 내 겨드랑이에
얼굴을 감추고 바흐의 G선상의
아리아를 들려주며 애처롭게
놀다 간다

어느 때부터인지
긴 터널을 뚫고 찾아온
그 몹쓸 병마를 부여잡고
힘겨워야 되는지
심한 감기로 인해 기침조차
못하는 겨울 새벽처럼 가슴은
통증으로 아리게 되었다

이젠 그것이 내 첫 새벽의
별처럼 늦여름의 소나기처럼

하염없습니다

자고 나면 자고 나면 또 이별
밤낮 도주해대는 시간의
아쉬운 날들

창밖에 내다보이는
자연은 점점 몸을 부풀려
한참 더하기 중이고

집앞 체육관 정원 연두 숲 아래
주차해 놓은 차 가지런함은
신발처럼 깨끗하게 차려지고

우리의 마음도 가지런히
차곡차곡 영글어
연두 속으로 점점 들어서
한없는 세월도 채워 가는데
우린 제자리에서 서성댑니다

하루

새벽부터 서둘러 한 푼이라도
더 벌려고 기웃기웃하다
일감 하나 건져 전쟁처럼
치르고는 그놈의 세상
귀퉁이 한 조각 집어 들고
터덜대고 돌아오는 길

먼데 산 뉘엿뉘엿 저무는
해넘이 끝머리 닿으면
서로서로 밀림 숲 속에서
우르르 빠져나오는 듯
빌딩 안 사람들 각자의 길 가고

그제야 온몸이 둘둘 말려
착착 머릿속 사면 안으로
들어서며 듣는 것도 보고 싶지
않은 것도 자연스레 보이는 것들

오늘따라 세탁소에서
웃음소리가 커지고
호프집 여주인이 탁자를

내놓으며 던지는 상냥한
눈인사

동네 어귀 아파트 불이
하나둘 눈을 뜨면
귀갓길 어깨가 슬슬
간지러워지고 천 근의
저울을 달고 끌고 가는
마차처럼 덜커덩거린다

마침 주방에 불이 켜지면서
하루를 씻어내고 헹궈 널어
놓으면 오늘 참 질기게도
잘 살아 냈다

연화리* 오랑대에서

어린 날 바닷가 모래사장에선
누구도 간섭지 않은 모래성 쌓기
놀이를 하며 부숴도 좋고
쌓아도 좋은 모래 놀이였다면

걸음 어정쩡한 지금
모래 밭길 걷는 것보다
내리쬐는 정열의 바다
파도 놀이 철없는 사랑을
꿈꾸는 것보다

위태롭게 수평선으로 지나는
지친 삶을 빨간 등대 왼편에서
잠시 쉬게 하는 그런 것
하얀 등대의 오른편에서
맛난 요리를 하며 따끈한 안주와
파도에 섞인 거품으로
건배를 권하는 선착장

오롯이 무거운 삶을 내려놓고
퍼질러 앉아 갈매기와 한두 잔

나누는 그런 여름
잠시라도 허세 부리는
마음에 쏙 드는 등대
하나 갖는다면 좋겠다

*부산 기장 연화리

하지 夏至

그렇게 결국 서로 처지가
바뀜을 모르고

길이를 재보며 흉을 만들고
자리 바뀜도 있다는 것을

알고 나니 별거 아닌 것
하지 말 것을 한 것같이

똑같은 처지가 되고 보니
그 동안 애쓰지 말 것을

밤은 낮을 탓했고
낮은 밤을 탓했던 것

제4부

아득하고 멀도록

그리움은 앞산에서 뒷산으로 숨는다

구름이 내 눈에서 뒷머리로 돌아
바람을 끼고 돌 때 와르르 쏟아지는
나뭇잎처럼 바닥을 치고

메아리를 불러 그리움을 찾아 헤매다
두 다리를 뻗고 우는 나뭇가지를 본다

그렇게 계절마다 아득하고 멀도록
그리움이 서성 서성 가슴을 치다가
앞산이 부르면 뒷산이 대답하는
잘 있다 말 가운데 멀리 달음질치는 매시간
어머니도 그러했고 나도 그랬다

하늘 공원*

벚꽃 하냥 벙그리고
그리움은 점점 차오르고
목젖 안에 불러도 대답없는
단어 두 자만 쌓여 있다

하늘공원 길목
돌아돌아 올라가는 길
벚꽃이 한참 피는가 하더니
내려오는 길은
훈계가 가득하고
꽃가지마다
그대로 지상으로 무너져 내려 버렸다

꽃 지고 엄마도 떠나셨다

*하늘공원 : 울산 하늘공원 승화원 화장터

구월

발치에 선득선득
계절이 오는 소리에
귀가 내려오고

구름 두둥 하늘 강
마음을 타고 내리는 9월은
내 멀었던 간극의 거리
말갛게 열어 하늘 높이 치올리고

내 소리 없는 고독
잊었던 이들을 생각하며
구월엔 다시 듣는
뱃속부터 차오는
내 어머니의 진한 사랑
듣는다

노란 나무 부채

부챗살 가지에 삼각 조각
노란색 종이를 붙이고
손잡이 끝에 젤 큰 종이 붙이며
언제 왔느냐 하는, 요양원 유리문으로
비치는 어머니의 공작 시간

수십 번의 계절 넘나들며 폈다 오므린
시간 때문에 두 다리에 30년 넘은
가짜 연골 넣고 느림보 걸음 걸어온 세월

올봄 어머니 저세상 가시고
책갈피에 넣어둔 은행잎을 덕지덕지 붙이다 만
부챗살 가지 사이사이에서 와르르
은행알 떨어지는 소리가 천 년만큼 들렸다

풀물

손끝에 당신의 감촉
느끼기도 전에
당신은 가벼운 새털인 양
내 주변 맴돌며 반가움 또는
슬픔 가득 담고 당신은
그렇게 나에게로 왔다가는

저 외길 뚜벅! 뚜벅!
들쑥날쑥
당신의 키보다 더 크게
걸어서 저 긴 길목
수수 익은 들길을 지나
그렇게

당신을 꿈길에서
애타게 부르다 지친 채
뵈었다는 이 슬픔

허공 휘저으며
흠뻑 젖은 베갯잇에
누이는 공허한 현실은

꿈길에 당신을 애써

그렇게 터져라 불러도

내 안에만 동동동

평생 꿈에도 보이지 않던

쪽머리 당신은 꽃무늬

포플린 차마

유년의 그날처럼

풀물 냄새 남기고 갔습니다

다시 온 계절

그토록 나의 사랑을
배척하듯 무정하더니
다시 찾아올 줄 알았습니다

영원히 안 올 것으로
고개를 떨구며
쪼그려 흐느끼던 이별이더니

다시 온 계절
기쁨으로 또다시 밝히고
가깝고 먼 그리움으로
폈다 또 지고 마는

산은 멀리 그렁그렁하고
바람은 가까이 휘도는데
오늘 구름 한 점 당신
대신 사랑하겠습니다

노란 편지지

어느 곳이든 서로 마음의
징을 울리고 과녁 안으로
활의 초점이 파르르 떨 때
사랑이라 느꼈다

점점 차고 경직된 낡은 시간
노을 진 길목은 노랗게 질려

아둔한 기억을 더듬어
서로 다른 위치라도 곧
한순간 소실점 안에
정확하게 맞닿았던 연분

낙엽을 가득 쓸어 담고
땔감 쓸 일이라 고집한
폐지 손수레가 잠시 허리를 편다

은행나무 길 나부끼는 안골로에
그 작고 작은 도로 안은
잎사귀 가득 쌓인 낱말들
누가 써 놓고 갔다

임자! 거기서 잘 있자!

비가 오는 멜로디

미음나루 한강 둔치 마을에
또 다른 가을 손님이 드나든다

오늘 유난히 이 비가
한 계절을 미련 없이 보내며

아쉬움과 그리움이 될 준비 중
벌써 호젓한 찻집엔 생강차 향을 내며 웃는다

한껏 폼잡는 멋쩍은 빗소리는
내 가슴 한편 한 줄기 멜로디 되어 좋고
바람 또한 벌써 문틈으로 커다란 구멍을
만들고 알차게 몰고 오는 냉기도 오히려 살가워 좋다

올 가을도 들뜬 내 마음의 로맨스
미음마을 수석동 카페 넓은 창마다
비가 내리는 멜로디
외국 영화 한 편 보는 가을 낙엽 정원 차려 좋다

그가 왔네

두둥실 네가 왔네
머리 위로 솜털처럼 스쳐 왔네
파란 마음 함께 문득 그 사람을
불러 내 곁에 두었네

들국의 향기가 나는
온종일 갈대숲을 깨우고
감나무를 붉히고 은행나무를
놀라게 하고 몇 날 묵을
봇짐을 싸고 찾아왔네
한동안 내 안에 가을
그 사람과 함께 살게 되었네

그 안에 내 모습이 있습니다

한 순간에 멈춰 서서
내가 어느 곳으로
가는지를 잊고 보았던 들길

금계국 황금물결
허리 굽혀 걸어오는
당신이 내 전부인 것처럼

사랑 그 애틋한 인연
가슴이 철렁철렁
노랗게 뿜어 오는 숨 가쁨

앞서거니 뒤서거니
다투어 다가오는 것도
소중함으로 지금까지
지탱하는 생존

삶은 쉴 틈도 없이
어서 따라오라 손짓하고
모두가 질러가는 세상 속

떼 쓰는 아이의 잰걸음으로
울어대는 금계 국 넘실넘실
조바심치는 소용돌이 견딘
노랗게 핀 그 안에 흔들린
당신 모습 두어 걸음

그래도 그립다

그리움이란 것이
습관처럼 영혼을 갈망하는
버릇에서 오는 오명처럼
점점 불어가는 지극히
현실적인 것은 왜일까 싶습니다

언제나 사랑이라는
받침대를 끼워 넣고 편안한
안식을 주며 내 곁에서 조용히
지켜주던 당신의 따뜻한 관심

이젠 기다림에서 오는 지침이
그리움으로 삭아져 가고
마음 의지마저 당신을 떠나보낸 결림
깊은 밤 달 가운데 있습니다

혼자는 외롭고 둘은
그리움이라는 말 가슴에 부딪습니다

수평선보다 낮게 나는 새처럼
당신을 잊자고, 꼭 잊으리라
한 번 더 되뇌어도 뭔지 모르지만
그래도 그립다

사랑한다면

나란히 걸어가자 따뜻한 손 잡고
바닷가 모래 위로 나란히
바닷물을 향해 가다
이윽고 다다르듯

그 삶을
견디어 가는 무한한 사랑은

집게발 힘을 모아서 살아가는 것처럼

인연

질경이는 밟혀도 꿋꿋하다
세상에 널려 있는 게 인연
들에 핌 꽃들의 속내
그 속에도 다 아픔이 있다

다가온 것은 다가온 대로
물러간 것은 물러간 대로
폭풍은 지나가리

그 간발의 시간을 이겨
능선을 오르고 넘어서서
심장을 다독이며
소금물에 절이지 말아야 한다

다 내 사람이기에 내 주변에서
맴도는 쓰고 쓴 관계라도 인연

백 번 천 번 밀어내도 천륜과
같은 관계일 때는
그 인연을 저버리지 못하는 아픔
그래서 모든 것을 안고 순간
꽃씨를 심게 되는 인연이 있다

광화문에서

어느 날 우연인 듯 필연적인 만남
커피숍에서 달그락대며 마주치고
눈앞에 그 젊은 청초함은 짧고
길고 지루한 늙음은 조잡함이 되어도
당주동 뒷골목은 추억을 더듬는 마주함

쓰고 달게 달라붙는 연민
그 한땐 내 마음의 잣대를
싹둑 잘라내던 시간도 있었다

한없이 커피 내리는 희뿌연
실내 안은 무엇을 위한 공호 시간이었는지

그 추억 그 찻집 그 커피 그 음악 그 모습은
오랜 길 걸어서 입술 끝에 닿아
내 목젖 깊은 곳까지 역사를 쓰고
사랑이 농익어서 착지하는
끝 사랑의 몸부림처럼 뿌옇다

그 향기가 다시 광화문 사거리에서
다시 기억하고 수억만 년 멀리 돌아서
내 앞에 주름진 손을 내민다

그 별빛* 그 밤바다

어느 곳에도
그는 잠시 머물러 주지 않는
지난 내 사랑의 밀월은 떠난 지 오래
그 헐벗은 마음의 고독마저 잊은 지 오래

어느 이름 없는 하늘
어느 이름 없는 섬
어느 이름 없는 사랑

그들도 알아차리지 못하는 그 이름
이국의 모래섬 맹글로우 숲, 멍키 바나나
받아 드는 삶처럼 난 그렇게 몸소 찾아와
사랑의 별들 속으로 그 별 밭에 다시 숨어들어
깜박이는 불빛을 만지며 펑펑 울었지

또 못나게도 내치던
그로 인해 오랫동안 그 유치 찬란한
그 별들은 그 외로운 밤바다
내 별 밭에서 떠나 있다가
어찌 이토록 아름답게 피어 있었단 말인지

나로 인해 너의 이유 없는 지난날 오명에도
이국의 밤바다에 잘 살고 있었음을 알지 못함과
내 지난날의 오해와 부끄러움에 또 울었지

별로 시 쓰는 것은 묵은 곰팡이라고
어쩌자고 조롱하고 내쳤단 말인지
미처 알지 못했던 이토록 아름다운 별들을-
그 좌절에 또 울었지
이국의 밤 코타키나발루 그 별빛 그 밤바다

*2017년 말레이시아 코타키나발루에서 별빛

시집론

직관과 정곡의 시학의 아름다움
은월 김혜숙 제3시집 『아득하고 멀도록』에 대해서

조명제 (시인, 문학평론가)

1

   김혜숙은 누구인가. 세상에 김혜숙은 많다. 그 중 한국문인협회의 문인주소록을 보면 여덟 명의 김혜숙이 있는데, 그 가운데 시인만도 다섯 명이나 된다. 아마도 선배의 닦달이나, 문단 활동상의 불편함을 덜기 위해 스스로 이름을 바꾼 김혜숙도 적지 않을 것이다.

   시집 『어쩌다 꽃』(2018), 『끝내 붉음에 젖다』(2022)의 시인 김혜숙은 그래서 아름다운 아호를 지었다고 했다. '은월銀月', 은월 김혜숙 시인이 제3시집 『아득하고 멀도록』을 내게 되었다. 한국예술인 복지재단의 창작지원금 수혜로, 작년에 이어 새 시집을 출간하게 된 것이다. 그게 가능할까 싶지만, 은월 시인은 평소에 써 놓은 시가 많은 편이라 걱정이 없어 보였다. 그렇다고 그가 무작정의 다작 시인은 아니다. 그의 번뜩이는 뇌리를 번개처럼 스쳐 가는 시적 징후들이 그의 시고詩庫에 저장되곤 하기 때문이다.

   은월 김혜숙 시인은 농사를 짓기도 한다. 농사를 지을 줄 알거나, 적어도 농사를 아는 시인이 진정성의 시를 쓸 확률이 높다. 시詩는 농農에서 온다. 수렵시대를 지나 정착 농경사회가 되면서 자연스럽게 농경가農耕歌, 풍년가가 흘러나왔을 것이다. 가歌는 점차 시가詩歌가 되고 다시 시詩가 독립 분리되면서 전문화의 과정을 거쳤다. 농사는 제일의第一義 경제이고, 경제는 시작詩作의 현실적 토대가 된다. 이백李白도 밥 안 먹고 술 안 마시고는 시 못 쓰고, 두보杜甫도 붓자루며 종이 없이는 시 못 쓴다. 시와 경제[농사]는 불가불리다. 그런 까닭에 농사에 대한 원천적 상상력이 없으면 참된 시는 짓기 어렵다. 모름지기 시인은 농부이기도 해야 한다. 다행히 우리나라에는 농부 시인, 농사 체험 세대의 시인이 많다.

 은월 시인은 그의 충실한 업[촬영과 앨범 편집]을 가지고 있으면서, 햇살 좋은 양평에 작은 농원을 마련하여 경작한다. 바깥 분이 더 열심인 줄은 짐작하고 있지만, 은월 시인도 밭농사에 게으름을 피우지 않는 분위기다. 용문산 백운봉이 멀리 보이는 양평군 옥천면 용천리의 아늑한 곳, 봉재산 자락에서 흘러내린 평평한 언덕 끝자리에 '은월농원'이 있다. 농막 마당에 튼실한 두충나무, 벚나무, 메타세콰이어가 그늘을 드리워 주고, 그 양 끝으로 가지 많은 밤나무, 젊은 두충나무가 자리잡고 있다. 마당의 주변으로는 개양귀비, 수레국화, 초롱꽃, 작약, 펜지, 금계국, 큰토끼풀, 나리, 끈끈이대나물, 돌나물, 양지풀 등등이 제 철의 꽃을 피우고, 군데군데 사과나무, 천도복숭아, 매실나무, 대추나무, 배롱나무, 감나무 등속이 울타리 치고 있다. 농막 뒤편의 밭가에는 뽕나무, 자두나무, 대추나무, 엄나무 들이 튼튼하고, 밭에는 고추, 토마토, 가지, 상추, 쑥갓, 케일, 청경채, 오이, 땅콩, 감자, 고구마, 배추, 생강 등이 싱싱하다.

 은월 시인은 "스스로를 농땡이나 친다"라고 하지만, 유실수와 꽃나무, 야생화까지 거두어 가꾸고, 갖은 작물들을 뽀얗게 길러 내는 농부農婦 시인이다. 농부라고 할 수 있을 만큼 큰 농사는 아니지만, 그렇다고 주말농장 따위와 비교할 거리는 아니다. 그의 밭은 포도주나 막걸리를 품고 오는 지인들의 풋것 마트가 되어 삼겹살 파티의 넉넉한 자원이 되기도 한다. 어느덧 은월농원 근처로 땅을 사서 모여 든 사람들은, 그 근처의 '별빛마을', '별 그린 마을'에 견주어 '은월마을'이라 이름 짓고, 어울려 산다.

    활짝 열어 받아들인다

    벌과 꿀이 서로 안고
    깊고 푸르게 여무는
    날을 맞이하고

    난 깊어가는 사랑의
    전갈을 꽃송이에 밀어
    넣고 그들의 답장을
    나란히 펼쳐 보려 한다

    아름다운 초원의 들녘
    활짝 펼쳐진 7월은 은밀하다
    -「깊고 푸르게 여무는 날」 전문

    심원한 창공과 푸른 들녘, 벌 나비와 꽃들의 교감이 충만한 자연 속에서 시인은 푸르게 여무는 사랑의 결실을 기대한다. 깊고 넓은 생각의 시인은 사상事象의 초점을 향해 용케 격발한다. 무엇보다 "깊어가는 사랑의 전갈을 꽃송이에 밀어/ 넣고 그들의 답장을/ 나란히 펼쳐 보려는" 은밀한 포부에 이끌게 만든다. 시인은 농막 주변에서 철 따라 피고 지는 꽃들을 보고, 천연한 야생화와 대화를 나누곤 할 것이다. "하늘에 핀 뭉게구름 한 점// 땅 위에 핀/ 꽃 한 송이"(「꽃다지」)는 시인의 세계관, 인식론적 존재관을 상징적으로 말해 주는 것일 터이다.

    은월 김혜숙 시인은 일찍이 꽃을 대상으로 한 시를 적잖이 써 왔다. 그간에 펴낸 시집들의 제목만 보아도 꽃에 대한 그의 사랑과 집중이 어떤 것인지를 짐작할 수 있다.

> 꽃은 마음에 있기에
> 보지 않아도 꽃이고
> 닿지 않아도 꽃이고
> 늘 그대로의 꽃이다
>
> 내 꽃은 사랑이기에
> 피지 않아도 꽃이고
> 다 시들어도 꽃이고
> 지고 없어도 꽃이다
>
> 당신은 늘 꽃이기에
> 꽃보다 더 향기롭고
> 꽃보다 더 아름다운
> 세상 제일의 꽃이다
>
> 당신은 항상 그렇게
> 살아서도 내 꽃이고
> 죽어서도 내 꽃이다
> 영원한 꽃은 당신뿐!
>
> 바로 당신이
> 세상 제일로 아름다운 꽃입니다
> ―「꽃」 전문

우리 현대시사에서 '꽃'을 주제로 한 시를 쓴 시인들이 적지 않다. 이육사, 서정주, 김춘수, 김수영 등은 그 대표적인 예에 속한다. 은월 김혜숙의 '꽃'은 꽃 이전에도 꽃이고 꽃 이후에도 꽃이다. 놀랍게도 "보지 않아도 꽃이고/ 닿지 않아도 꽃이고", 심지어 "피지 않아도 꽃이고/ 지고 없어도 꽃"이다. 시인은 '꽃은 마음에 있고, 사랑이기' 때문이라고 말한다. 꽃은 꽃을 꽃으로 볼 줄 아는 자에게만 꽃으로 보이는 법이다. 마음이 거기에 닿지 않으면 꽃은 꽃으로 보이지 않는다. 꽃은 "늘 그대로의 꽃"인데 그것을 보고 인식하고 사유하는 인간이 변덕을 부려 꽃의 의미를 혼란스럽게 만든다. 꽃은 그 자체가 사랑인 까닭에 '다 시들어도 꽃'이고, '지고 없어도 꽃'이며, 더군다나 '피지 않아도 꽃'이다. '피지 않은 꽃'은 피었던 꽃이고 필 꽃이고 피지 않을 꽃이다. 한번 발설된 꽃은 '피지 않은 꽃'이라도 꽃이 아닐 수가 없다. 밀러의 지적처럼 모든 언어는 상반된 의미를 동시에 지니고 있기 때문이다.

꽃은 아름다움과 향기로움의 척도가 되어 모든 존재의 관계론적 의의를 규정하고, 질문에 응답한다. 그리하여 진실한 대상은 꽃으로 표현된다. 텍스트의 말미에 상징적으로 함축된 '당신'은 내게 있어 세상 제일의 꽃이라는 것이다. 진실한 사랑은 사생死生을 초월하여 영원한 꽃이고, 세상에서 '제일로 아름다운 꽃'이다. 관계의 믿음과 불신이 범접할 수 없는 화합의 철학이 응축된 이 시편에서 시인의 직관적이고 단도직입적인 특성이 잘 드러난다.

누구의 여인인지
흘겨보는 질투의 눈길마저 당당하다

내 심장을 흔들며 헤집고 들어오는
너의 격렬한 눈길 어느 누가 감당하리
-「당신을 꽃이라고 부를 때」 1-2연

시인은 많은 꽃을 보고, 여러 현상의 꽃을 관찰한다. 그때 시인은 대상적 사물의 본질 속으로 즉각적 투신을 감행한다. 인간의 언어로 장미꽃의 아름다움과 그 내질을 온전히 표현할 수는 없다. 그런 난제의 장미를 가장 잘 표현한 시인은 R.M. 릴케였다. 은월 시인은 장미의 유혹적 아름다움을 여인의 "흘겨보는 질투의 눈길" 혹은 "심장을 흔들며 헤집고 들어오는 격렬한 눈길"로 표상한다. 그 형언하기 어려운 장미의 아름다움, 그 눈흘김의 매혹을 시인은 '하늘도 타락한 날'이라는 표현으로 정점을 찍는다. 당신이 꽃으로 인식될 때 시인의 직관적 열정심은 그렇게 폭발한 것이다.

> 경로당 입구에 활짝 핀 살구꽃
> 고단한 몸 곧추세우더니
> 겹주름 펴기도 전에 한쪽 눈
> 살짝 감았다 뜨며 화르르 벙글고
>
> 백발 된 지붕은 한없이 숫자를 센다
> -「살구꽃」 2-3연

꽃을 사랑하고 꽃을 시로 표현하기를 좋아하는 은월 시인은 풍경으로서의 꽃도 예사롭게 보지 않는다. 봄날 아파트의 정원은 밤 사이에 꽃이 만발하여 '꽃밭이 하늘 가득'한데, 경로당 입구의 한 그루 살구나무가 찬란히 꽃 피운 것이 유난하다. 경로당의 주름진 노인들과 황홀한 살구꽃의 대비도 대비려니와, 경로당 입구의 살구꽃을 허리 구부러지고 겹주름 진 노파(*대개 경로당에 남자노인은 없다)의 이미지와 결속, 융합시켜 버린 감각이 압도적이다. 세밀 어법이 아니라 직설적인 화법의 직관적 시법은 은월 시인의 특기다.

직관 직서적 화법은 은월 시인의 타고난 통찰력과 감각적 사유에 기반하고 있는 듯이 보인다. 봄날 꽃 폭탄 꽃 파편의 벚꽃 세상을 보고 "어떠한 죄를 지었든/ 어떠한 선한 일을 했든/ 이때쯤은 꽃 폭탄에 온 전신으로/ 꽃 멀미하고 가슴 울렁인다"라고 선뜻 들이댈 사람은 많지 않다.

꽃과 죄악의 충돌만큼이나 그 해법도 놀라운 바가 있다. "황홀한 꽃 파편 튀는 세상/ 용서를 베풀고 또 유유히 가는 것"이라는 발상은 선 굵은 은월 시인의 시적 화법이 삶[인간]의 실체적 진실에 닿아 있음을 말해 준다. 우리는 때로 그의 시에서 좀더 자세한 세밀화법이나 긴밀한 구조적 계산을 요구하고 싶은 충동을 느끼게도 되지만, 애초 모범생 답안 같은 스타일은 그의 시적 생리에 맞지 않은 것이다.

벚꽃이 피는가 하더니 지고 마네

꽃바람 치맛자락 날리며
연분홍은 흩날리고
여인의 사랑은
저 멀리 너울너울 흘러가는
짙푸른 잎사귀에 슬픈 연서를 쓰네
─「꽃이 지네」 전문

나이 좀 든 사람들은 '엊그제 꽃이더니, 오늘은 신록이네'라고 흔히 말한다. 봄은 원래 그런 것이지만, 지구 온난화로 근래에는 더욱 뼈 깊이 실감하는 현상이다. 흐드러지게 피었다 지는 벚꽃은 연분홍 분위기를 한껏 부풀려 가득 채워 놓고, 치맛자락 날리며 저 멀리로 흘러간다. 꽃바람 시절의 연모는 또 미지수로 남고, 여인의 사랑은 짙푸른 잎사귀에 슬픈 연서를 쓴다. 꽃의 현상과 인간의 정서적 교호작용을 시인은 그 특유의 상상력과 화법으로 아름답게 완결한 것이다.

은월 시인은 끊임없이 꽃을 관찰하고, 꽃과의 친화적 대화를 시도한다. 그것은 존재의 심연을 들여다보고 삶의 가치를 확인하는 작업이다. "꽃잎이 주고 가는/ 설교를 반복해서 탑처럼 쌓다가/ 혼선이 와서 기억이 쇠했다"(「깨닫지 못한 이야기」)라는 언술은 꽃의 진실을 탐구

하기 위한 대화의 자세를 말해 준다. 화자는 꽃잎의 '설교'를 반복해서 들어 탑처럼 쌓지만, "그 속내를 끝내 알아듣지" 못한다. 아름다움의 상징인 꽃, 그들의 화려한 삶과 '사후를 맞은 초월의 순간'은 튼실한 연막에 가려진 듯 "꽃잎이 주는 그 깊은 내력과/ 간절함 난 알아듣지" 못한다. 꽃의 '순수한 모순'은 끝내 풀지 못한 채 '無'의 절대 순수라는 것 외에 우리가 알 수 있는 것은 없다.

꽃의 존재는 은월 시인에게 있어 "사랑을 꼭 쥐는/ 내 풀꽃 같은 시 하나"(「꽃 나무 하늘 구름 그리고」)의 결정적 의미로 다가온다. 뿐만 아니라 "잠시 동면에 들어 그 깊은/ 어둠 속에서 잠들다 또다시/ 피는 날이 있다는 것만도/ 숨이 쉬어지는 일"(「지나고 보면 다 꽃 피는 때였다」)로 인식된다. 인식되는 정도의 문제가 아니라 존재의 이유로 이해된다. 시인은 "존재감 없어도 존재를 꿈꾸는 일도/ 공기층에 비집고 있는 그 무엇의 힘/ 그것 때문에 없는 존재감도 숨 쉰다"는 절대적 가치에 상도한 것이다.

2

풀꽃과 좋은 수목으로 둘러싸인 은월농원은 노동의 현장이면서 시재詩材의 보고寶庫이다. 밭의 농작물을 가꾼다는 것은 힘든 노동을 전제하는 일인 만큼, 자연의 원리 속에서 씨 뿌리고 가꾸고 수확하는 농사를 통해 많은 체험적 지혜를 얻게 된다. 농작물마다 서로 다른 시절이 있고, 하늘과 바람과 물의 작용이 허락하는 한에서 사람의 노동을 따라 결실되는 것이 농사이다. 밭일을 하다 보면, 때로 성공과 실패가 엇갈리고, 예기치 못한 일이나 신기하고 경이로운 현상도 발견하게 된다. 이 같은 농사의 경험과, 풀꽃들을 사랑하는 가운데 철철이 변해 가는 농원의 풍경은 시적 발상의 곳간일 수밖에는 없을 것이다.

발 디딜 틈도 없는 잡풀 무성한

묵정밭에 꾸구리고 앉아
한심한 세상을 본다
이 하루도 하릴없이 썩히고 말았다
쥔 것 하나 없이 뒹굴다 언덕에
노을이 진 것 보고 저녁인 줄 알고

누구나 아침에 눈 뜨면 자기 할 일 하러
안간힘을 쓰며 밀림 숲으로 떠나는데

밀림에서 우르르 쏟아지는
선량한 초식동물들과
사나운 짐승 함께 하는 밀림

세상이 바뀌고 세월 흐름에도
눈만 뜨면
변함없이 사느냐 죽느냐에 있다
-「그러니 사람이다」 전문

  농사는 전원의 낭만과는 거리가 멀다. 땅 고르기, 객토, 거름 만들기, 파종 등 해야 할 일이 태산이지만, 오뉴월의 농사는 먼저 풀과의 전쟁이다. 그런 농사에 대한 은월 시인의 시선은 삶의 현장, 생활 전선으로 확대된다. 시인은 가꾸고 있는 밭의 잡초들, 세균 못지않게 번식력이 강한 잡풀들과의 전쟁에서 지쳐, 묵정밭에 쭈그리고 앉아 한심한 자신과 한심한 밭 풍경을 바라본다. 그리고 '한심한 세상'을 넘겨다본다. 잡풀 무성한 밭에서의 성과는 보잘것없어 오늘 하루도 하릴없이 썩히고 만 가운데, 어느 새 언덕에 노을이 진 것을 보고서야 저녁이 되었음을 안다. 시인의 상상력은 싸워도 가망이 없어 보이는 묵정밭의 잡초들에서 밀림으로 건너뛴다. 밀림은 착한 초식동물들과 그들을 잡아먹고 사는, 사나운 육식동물들이 함께 뒤섞여 사는 생사의 전쟁터이다. 그리하여 시인은 밀림에서든 한심한 인간 세상에서든 "세상이 바뀌고 세월 흐름에도／ 눈만 뜨면／ 변함없이 사느냐 죽느냐에 있다"는 상황적 실존의 문제로 귀결됨을 보여준다.

밭을 돌보며 시인은 자연과 시절의 의미를 되새기고, 삶의 이치를 깊게 깨달아 간다. 그는 「풍만한 계절」에서 "어제 그제 그 적은 비에도／ 자연은 기특하게 완만하고／ 풍만하게 자기 반경을 넓힐 줄 알며／ 인간에게 베푸는 저 통 큰 베풂"이라고 하여, 자연이 베푸는 풍만한 축복에 감사한다.

은월 시인은 또 「울어서 되는 것은 아니었다」의 허두에서, "나무와 꽃은 자신이 스스로／ 일부러 우는 일이 없다"라고 전제한 뒤, "바람이 불어서 한쪽이／ 떨어지거나 부러져도 울지 않는" 대상으로서 나무와 꽃의 미덕을 노래한다. 하긴 바람과 천둥 번개, 해코지하는 뭇 짐승들 앞에서도 혼자 견디고 참아야 하는 상황적이고 운명적인 나무로서는 "우는 일을 잃었으리라"라는 시인의 생각이 은유의 힘으로 설득력을 얻게 된다. 그러고 보면 더러 '날마다 애썼다 쓰다듬어 주는 비가 대신 울어 주는' 것이어서 그에 감사하고 행복하여 "꽃과 잎으로／ 더 빛을 내는 일"이 꽃과 나무의 자세이다. 강풍과 천둥 번개에 다치거나 뭇 짐승들의 해코지에도 울지 않고, 눈물 같은 비를 맞아 꽃이나 잎이 더욱 싱그러이 빛나는 현상을 시인은 그 특유의 상상력과 방법적 표현으로 완성해 놓은 것이다.

> 울타리를 가진
> 나는 울어서 될 일이 아닌데도
> 간혹 운다
> 함부로 꺾어 걸어두고
> 그만 시들어 버린
> 꽃과 나무를 보며 운다
> ─「울어서 되는 것은 아니었다」끝 연

텍스트의 마지막 연이 함축하고 있는 의미는 인간과 나무가 대비되면서 시적 의도가 뚜렷해진다. 운명에 맞서는 나무의 의연함에 비해 온갖 보호 장치와 울타리를 가진 인간의 변덕스러운 울음, 일희일비가 연상되어 초라해 보이는 것이다. 그러나, 따지고 보면 시적 화자의 울음은 인간적이다. 비바람에 가지가 꺾이고 짐승들의 범접에도 울지 않는 꽃과 나무를 '울어서는 안 될 일'의 사람[농부]이 사랑으로 울어 주는 것이기 때문이다.

기어이 오고 만 것입니다
시원한 바람 청아한 하늘 높이고
잔잔히 무르익은 들을 데리고 선득선득 온 것이다

그를 모시고 잔을 부딪고 그간의 뜨겁고
끈적하고 짭조름한 싸움 끝에 피폐해졌으나
힘겨운 싸움 끝에 인내한 시간

잡초처럼 불굴의 뻔뻔함으로 그 모든 것의
시작과 끝에 서고 보니 풍성한 결실 앞에 두고
휘휘 돌아보게 된다

싸움에 진 것은 진 것이고
스스로 우뚝 선 것은 뿌듯하다
그것이 삶이고 진념이고 사람의 삶도 같다

넓은 들에서 얻고 좁은 길에서 배우고
높은 산 앞에 엎드리고 텃밭에서 깨우친 것
아침엔 정원 잡초 뽑으며 저녁에 숯불 굽고
잔을 들며 또 살아가는 것이다
-「또 한 생이 넘어간다」전문

힘겨운 노동과 갈등과 싸움의 과정 끝에 결실의 계절

이 오고, 인내한 노작의 시인은 농경의 현장 체험으로 삶의 이치와 가치를 터득하는 풍성한 결실을 얻는다. 농사의 체험에서 발견하게 되는 사물들을 시적 이미지로 변용하여 한 편의 시로 버무려 냄으로써 작품적 진정성은 확고한 지위를 차지한다. "싸움에 진 것은 진 것이고/ 스스로 우뚝 선 것은 뿌듯하다"라든가, "넓은 들에서 얻고 좁은 길에서 배우고/ 높은 산 앞에 엎드리고 텃밭에서 깨우친 것/ 아침엔 정원 잡초 뽑으며 저녁에 숯불 굽고/ 잔을 들며 또 살아가는 것이다" 같은 탁월한 표현의 대목은 농부 시인으로서 얻은 축복이 아닐 수 없다.

고된 농사일은 작물의 결실로 모든 시름을 잊게 된다. 결실의 아름다움과 보람만큼 흐뭇한 일은 없다. 이를테면, 세인들은 호박을 못난이로 여기지만, 농부 시인에게는 구린 구덕에서 자랐으되 "달덩이보다 아름다운" 것이 호박이다. 호박이 호박 되기 위해 얼마나 구린 것을 참고, 곤충들에게 빨리고 찔리고 하였던가. 그뿐이던가.

> 벼락 맞고 빗속에서 울고
> 어둠에서 떨고 뜨거운
> 태양의 용광로 속에 숱하게
> 견디고 둥그레진 것인데
> ─「호박」 부분

호박은 함부로 천대받고 무시당한다. 호박은 꽃도 열매도 크고 못생긴 것, 함부로 '치마 속을 더듬고' 해도 되는 추녀쯤으로 비유되기 십상이다. 요즘 유행이 된 말로 '자세히 보면' 호박꽃도 예쁘고, 달덩이 같은 호박도 아름답다. 호박꽃은 튀김 요리로, 애호박은 지짐이, 찌개거리, 새우젓 볶음으로, 늙은 호박은 호박죽, 찜, 말랭이, 건강식, 약제 등등으로 두루두루 쓰인다. 실로 없지 못할 작물이다. 시인은 "우리 집 만 가지 반찬 되는" 호박의 미덕을 과감히 노래한 것이다.

줄 만큼 주시고 받을 만큼만 주신다
작년 고추 수확은 풍작이라
고춧가루로 육십 근을 만들었다

작년에 많이 줬으니 올해는 적게 먹으라 한다
고추 수확하면서 세상 공평함을 또 깨달음 받는다

탄저병에 잦은 비로 물러터진 고추의
고약한 냄새를 맡으며 그만큼만
더도 말고 그만큼을 배운다

자연은 언제나 공평하다
-「고추를 따면서」 전문

'농사는 내가 짓지만 거두게 하는 것은 하느님이시다.' 라는 말이 튀어 나온다. 힘겨운 농사를 지으며 얻는 기쁨과 배움은 크다. 그것은 체험해 보지 않고서는 얻을 수 없는 배움이고 지혜이다. 하늘은 엉성해 보여도 언제나 공평하다. 농부는 하늘의 이치 자연의 섭리에서 삶의 지혜를 얻고 도리를 깨친다. 농사에서, 들밭에서 시의 그림자가 어른거리는 까닭도 거기에 있다.

농원에서는 계절의 변화를 훨씬 더 감각적으로 느끼게 된다. 봄과 여름이 지나고 결실의 때가 되어 오면, 농부는 한층 예민해진다.

점점 허공이 뭔가 궁리를 하는 듯
계절과 짜고 그 토막에서 토막이
연구 중인지 수선스럽다
어딘가 가을 한쪽 모서리에
줄 세워 차례 기다리며 으스스한 기운이
염탐 중인 오늘의 공기가 수상하다
-「계절 나기」 부분

계절이 변하는 낌새를 농부는 예민하게 감지한다. 가을로 넘어가려는 계절의 궁리, 변화의 조짐을 알아채는 농부의 감각을 이처럼 멋지게 표현하기란 쉽지 않다. 말할 것도 없이 시를 쓰는 농부이기 때문에 가능한 일이라 여겨진다. 계절의 변화 조짐은 농부에게 민감하게 작용한다. "아니 벌써/ 가을 냄새가 나는 거 보니/ 고추 잘 마르겠네"로 연결되는 생각이 바로 그런 것이다. 가을이 되면 계절이 시를 쓰고, 자연이 시를 쓰는 법이다. 농부 시인은 가을의 서정에 상심하며 시정詩情에 잠기기도 한다.

"뼈 시린 바람이 지나가며/ 해는 식어 등 돌리고 황톳길을 따라/ 바람과 돌산 깊이 풍란을 거쳐/ 떨어져 찢어지는 존재들과/ 언젠가부터 망아忘我에/ 젖는 계절 오고/ 그 못 잊을 들길을 걸어 닿는 곳/ 그 어디쯤"(「가을 저편」)의 모호하고 아련한 지점을 그린다. 하늘 강에 어린 날의 낙서가 잔뜩 든 노트를 찾아내어 울고, 지금의 나이만큼 깊어진 그 강이 속절없이 운다(「가을 강」). 가을은 모든 사념思念이 뿌리로 돌아가 깊어지는 계절이다. 시인이 "이제 가을로 가자/ 가을로 가서 우리/ 격하게 깊어지자"(「강 그리고 하늘 또 구름」)라고 하는 까닭이 거기에 있다.

가을에서 겨울로 가는 길은 선명하게 드러난다. 조락의 계절에 거리는 남루해지고,

"추위에 웅크린 헐벗은/ 온몸을 타고 오르는 햇빛 찾아/ 떠도는 집시라 해도/ 세상의 존재가치를 더 빨리/ 추월하고 싶은 야망이"(「겨울로 가는 길」) 그 내심에 도사린다. 겨울은 폭설로 전원과 세상을 뒤덮는다. 「폭설」에서 시인은 폭설을 흰 마차를 타고 오는 폭군으로 비유하여, 눈에 파묻힌 세상 풍경을 역동적으로 형상화해 낸다. 폭설의 겨울은 겨울잠에 드는 짐승들과, 봄부터 노작한 인간에게도 휴식의 시간, 회억의 시간을 선사한다. 그리고 새 봄이 잉태되고 있음을 기억하게 한다.

내 꿈밭에
누군가 꽃씨를 심고 갔다

하늘에 핀
구름

사시사철
우러르게 하는 사람의
발자국이 향기롭다
-「그 사람」 전문

  농원에 꽃을 심고 채소와 과실나무를 가꾸는 화자의 마음 밭에 누군가 꽃씨를 심고 갔다면, 그것은 '하늘에 핀 구름'인 양 아련한 꿈의 세계이겠다. 사시사철 꿈밭에 꽃은 가득 피어 향기롭고, 꽃을 피우게 꽃씨를 주고 간 사람의 발자국마저 향기롭다. '발자국'과 '향기롭다'의 공감각적 결합이 이 함축적인 작품의 아름다움을 배가시킨다.

3
  삶의 현실에서 힘겨운 것은 농사일만이 아니다. 일상적 삶이란 애초 버거운 노역과
경쟁의 연속이다. 고단한 일상적 삶 속에서 도피하고 싶어 하는 장르의 문학이 생겨
났던 것도 권력의 현장을 비롯한 치열한 삶을 견뎌 내기 힘든 까닭에서였다.

가볍게 하루를 보내는 일이 버겁다
보이지 않는 무언가에 휘둘리고
도로에서
강에서
하늘에서

오염의 물질들이 마음속까지 쳐들어와
　　두뇌를 점령하고 하물며 손과 다리에도
　　오독을 낳는 그런 얼빠진 반복되는 시간
　　난 도대체 언제부터 불행했다는
　　통지서를 받고 그것을 견디기 위한
　　단련을 거듭 연습했을까
　　-「거듭 사는 일」 전반부

　일상의 하루는 힘겹고 버겁다. 문명의 발전과 비례해서 떠안아야 할 인간의 부담은 가중되어 간다. 업무의 수고에 오염 물질까지 늘어나고, 감염병마저 극심해지는 시대에 우리는 산다. 인간의 내장과 두뇌는 이미 정상이 아니고, 불행의 통지서를 받은 양 그것을 견디기 위한 단련을 거듭거듭 연습하며 산다.

　　우리는 알지 못했습니다
　　오늘 한 일이 소중하고 행복이었음을

　　어제의 그 일도 당연함이 아니었고
　　힘겹게 해온 일상이 오늘 그리움이니

　　이렇게 당신의 그 하찮은 것이
　　보배로운 절실한 보물 같은 시간이었음을

　　당연하고 귀찮은 그 일이
　　당신의 거리와 내 거리가 얼마나
　　애틋하고 살가운 일상이었는지
　　-「그럴 줄 몰랐습니다」 부분

　코로나 같은 감염병의 창궐을 겪으면서, 혹은 불행과 당면하게 되면서야 깨닫게 되는 것이다. 우리는 살기 위해 고통스러운 업무를 감당하고, 견디는 연습과 단련을

이어가야 한다. 그 무거운 억압과 고통으로부터 벗어날 수만 있다면 벗어나고자 하는 것이 인간적 심리의 일반적 현상이다. 그러나, 일상인으로서의 삶을 피할 수 있는 것이 아닌 만큼, 어떻게 버거운 일상의 삶을 껴안고 존재론적 의미의 가치로 승화시키느냐가 문제일 터이다.

> 새벽부터 서둘러 한 푼이라도
> 더 벌려고 기웃기웃하다
> 일감 하나 건져 전쟁처럼
> 치르고는 그놈의 세상
> 귀퉁이 한 조각 집어 들고
> 터덜대고 돌아오는 길
> ─「하루」첫 부분

일차적으로는 시인의 개인적 경험을 토로한 것일 테지만, 이 같은 일은 소상공인이나 직장인 누구나 겪는 보편적 상황이다. 날 저무는 해넘이 시각이 되면 빌딩의 숲 속에서 우르르 빠져 나온 사람들은 각자의 길을 가고, 그제야 주변의 사물이 자연스럽게 보이기 시작한다. 버겁고 힘겨웠던 일과의 긴장이 다소 풀리면서, 세탁소에서 흘러나오는 웃음소리가 크게 들리고, 호프집 여주인이 탁자를 내다놓으며 던지는 눈인사도 상냥하다.

> 동네 어귀 아파트 불이
> 하나둘 눈을 뜨면
> 귀갓길 어깨가 슬슬
> 간지러워지고 천 근의
> 저울을 달고 끌고 가는
> 마차처럼 덜커덩거린다
> ─「하루」부분

시인은 하루의 치열했던 삶을 푸념하거나 도피해야

할 대상으로 여기지 않고, 위로와 긍정의 자세로 보듬어 안는다. 고단하고 힘든 "하루를 씻어내고 행궈 널어/ 놓으면 오늘 참 질기게도/ 잘 살아 냈다"는 긍정의 마인드로 노역의 일상을 승화시키는 것이다. 그 같은 긍정의 마인드는 은월 시의 여러 곳에서 발견된다. 시인은 「살다 보니」에서 "우리는 늘 쥐고 담는 손으로/ 만족하기도 울분하기도 한다"라고 전제한 다음, "결국 손을 펴고 갈 일을 잊어" 버리기 일쑤인 인간의 과욕을 지적한다. 그는 버릴 용기, 다시 말해 마음 비울 용기를 강조하며 "지상에 스며들고 난 후/ 세상에 진한 흙냄새 하나/ 남기고 가는 일이면/ 족하지 않겠나 그것이면 된다"라며 삶의 긍정과 분수의 지혜를 던져 준다.

> 하루하루 달그락대고
> 밤이 되면 밀려드는 무게감
> 오늘은 여기서 내일은 저기서
>
> 깊숙이 세월 싸매고 우왕좌왕
> 시간 보내며 뭘 했을까 뒤돌아본다
>
> 우물을 파고 몸에서 샘이
> 솟아나는 피로감이
> 오목하게 똬리를 친다
> -「오목해지는 날」 전반부

눈 뜨는 일도 두렵고 버거운 하루이지만, 시인은 후반부에 가면서 자위自慰와 견딤의 미덕을 암시해 준다. 삶은 고통스럽기만 한 것이 아니라 인간의 실존적 가치이며, 긍정의 마인드로 넉넉히 품어내야 할 어떤 것임을 터득하고 있는 것이다. 시인은, 잘나서 힘주고 고고한 척하면서, 사는 게 힘들다고 전화해 오는 친구에게 "나처럼 실없이 웃기도 하고/ 한 잔도 나누고 웃다 보면/ 헛소리하며 삐딱해도／ 다음 날이면 새로 하루 산다"(「자꾸만 삐딱하게」)라고 말한다. 치열한 일상적 삶에서 파멸하지 않고 풍파를 견뎌 내기 위한 세상과의 적정한 타협의 슬기이며, 보신(保身)을 위한 긍정의 표상이 아닐 수 없다. 「연화리 오랑대에서」의 말미를 장식하고 있는 대목도 그 같은 정신의 연장선상에 있다.

 오롯이 무거운 삶을 내려놓고
 퍼질러 앉아 갈매기와 한두 잔
 나누는 그런 여름
 잠시라도 허세 부리는
 마음에 쏙 드는 등대
 하나 갖는다면 좋겠다

 삶의 고뇌와 스트레스로부터 자신을 지켜나갈 수 있는 심리적 완충지대를 만들어 내는 일은 긍정적 마인드에서 힘을 받게 되어 있다. 상황적 현실에서 매 순간 행동 선택을 강요받는 인간은 선택의 자유, 곧 행동 결정의 책임으로부터 도피하고자 한다. 책임으로부터의 도피는 범속한 인간으로의 전락을 의미한다. 패배주의적이고 무책임한 자세는 실존적 삶의 적이다. 은월 시인은 그런 삶의 진실을 잘 알고 긍정적 마인드의 철학을 지켜나간다.

 그 긴 미로의 길목을 지나쳐
 나와 얼굴을 가린 모든 세상의
 당신께 오늘을 그렇게 아프게
 견디고 가지만 누구도 예측 못한 일

 어제도 그제도 당신과 마주한 삶이
 참담한 날로 가득하지만
 우리 두 손은 잡을 수 있어
 이 겨울에 온기를 나눌 수는 있잖은가요

당신과 나란히 바라보는 세상도
앞은 보고 있지만 생각의 방향은
다름을 알고 있어요
그럴지언정 우리 함께라는 것만은
잊지 말고 견디어 가요

오랜 이 시련을 견디다 보면
또 한세상을 맞아 그 세상도
다름의 세상이 올 것임을 잊지 말고
우리 마음만은 단단히 해 가요
꽃도 새도 나무도 산도 들도
하늘도 그러하듯이
─「지상의 모든 이에게」 전문

  삶의 고난과 시련을 견디고 극복해 낼, 폭발적 사상이 집약된 「지상의 모든 이에게」는 은월 시인의 긍정적 마인드를, 그리고 그 긍정적 마인드의 폭과 넓이를 잘 말해 준다. 시인의 마음은 이웃을 껴안고 지상의 모든 사람과 손잡고, 고난과 시련의 날들을 헤쳐 나아가고자 한다. 그의 시적 전언은 모름지기 이웃에게부터 먼저 위로와 용기의 언어로 작동할 것이며, 그 작은 움직임이 지상의 모든 이에게로 가 닿는 파동이 될 것이다.

4

  꽃과 작물을 가꾸고, 일상적 삶의 거친 현실을 견디며 극복해 가는 통 큰 이미지만이 은월 시인의 전부는 아니다. 그 역시 계절의 변화와 이별의 정조(情調), 인연과 그리움에 마음 기대는 여린 면모의 시인이기도 하다. 특히 몇 년 전 어머니의 세상 뜨심은 그의 슬픔과 그리움의 정서를 한 겹 더 깊게 한 듯하다.

하늘공원 길목
　　돌아돌아 올라가는 길
　　벚꽃이 한참 피는가 하더니
　　내려오는 길은
　　훈계가 가득하고
　　꽃가지마다
　　그대로 지상으로 무너져 내려버렸다
　　-「하늘 공원」 부분

　울산의 하늘공원 화장터에서 어머니를 하늘나라로 보내 드리고, 비통한 마음을 읊은 시이다. 벚꽃 한창인 봄날에 돌아가신 어머니를 울산까지 운구해 가서 하늘공원으로 굽이굽이 오를 때는 벚꽃이 한창인가 싶더니, 장례를 치르고 내려올 때에는 그 흐드러진 벚꽃이 한꺼번에 무너져 내린 듯 꽃이 꽃으로 보이지 않는다. 생전의 어머니가 이르시던 훈계만 가득 떠오르고, 그걸 잔소리로만 여겼던 불효의 마음이 낙화되어 무너져 내리는 것이다. 그리움은 차오르고 불러도 대답 없는 단어 '엄마'만 목젖 안에 쌓이는 사별死別의 시간, 슬픔의 무게가 이에서 더할 수 있을까. 시인은 시의 마지막 연인 한 줄의 시행을 "꽃 지고 엄마도 떠나셨다"라고 적는다.

　"두 다리에 30년 넘은/ 가짜 연골 넣고 느림보 걸음 걸어온 세월"(「노란 나무 부채」)의 어머니는 수수 익은 들길을 지나 그렇게 가셨을까. 간절한 그리움에 화자는 꿈길에서 어머니를 만나 애타게 부르다 지친다. 평생 꿈에도 보이지 않던 어머니였는데, "쪽머리 당신은 꽃무늬/ 포플린 치마/ 유년의 그날처럼/ 풀물 냄새 남기고"(「풀물」) 가시어 애타고 허전한 마음이 더 큰 그리움을 낳는다.

　　그리움은 앞산에서 뒷산으로 숨는다

　　구름이 내 눈에서 뒷머리로 돌아

바람을 끼고 돌 때 와르르 쏟아지는
나뭇잎처럼 바닥을 치고

메아리를 불러 그리움을 찾아 헤매다
두 다리를 뻗고 우는 나뭇가지를 본다

그렇게 계절마다 아득하고 멀도록
그리움이 서성 서성 가슴을 치다가
앞산이 부르면 뒷산이 대답하는
잘 있다 말 가운데 멀리 달음질치는 매시간
어머니도 그랬고 나도 그랬다
-「아득하고 멀도록」 전문

   어머니의 타계는 시인의 가슴에 깊은 슬픔과 그리움으로 자리 잡는다. "9월엔 다시 듣는/ 뱃속부터 차오는/ 내 어머니의 진한 사랑"(「9월」)은 아득히 멀어져 가는 산울림 같은 것, 「아득하고 멀도록」은 돌아가신 어머니에 대한 사랑과 그리움을 형상한 시로서 절창이다. 시원시원한 문체와 그리움을 녹여낸 언어적 진술은 소심한 자들의 감각적 이미지 시를 압도해 버릴 만하다.

그토록 나의 사랑을
배척하듯 무정하더니
다시 찾아올 줄 알았습니다

영원히 안 올 것으로
고개를 떨구며
쪼그려 흐느끼던 이별이더니

다시 온 계절
기쁨으로 또다시 밝히고
가깝고 먼 그리움으로

폈다 또 지고 마는

산은 멀리 그렁그렁하고
바람은 가까이 휘도는데
오늘 구름 한 점 당신
대신 사랑하겠습니다
-「다시 온 계절」 전문

은월 시인의 문체적 진실과 특이한 직관적 직서적 표현의 진수를 이 시에서도 본다. 그의 시는 직관적 특성을 드러내면서도 정곡을 찌르는 미묘한 관계의 기율을 안아 들인다. 사랑과 이별, 돌아옴과 맴돎의 정서적 상황이 흘러가는 지점에 시인의 담백한 전략이 효과적으로 기능한다. 사랑과 인연, 그리움의 시적 형상은 은월 시의 한 국면적 장르로서 담론적 논의의 범주를 형성한다.

올가을도 들뜬 내 마음의 로맨스
미음마을 수석동 카페 넓은 창마다
비가 내리는 멜로디
외국 영화 한 편 보는 가을 낙엽 정원 차려 좋다
-「비가 오는 멜로디」 부분

혼자는 외롭고 둘은
그리움이라는 말 가슴에 부딪습니다

수평선보다 낮게 나는 새처럼
당신을 잊자고, 꼭 잊으리라
한 번 더 되뇌어도 뭔지 모르지만
그래도 그립다
-「그래도 그립다」 부분

시인은 여러 시편에서 가을의 시정詩情과 사랑, 기다림

과 그리움의 정서를 담아내고 있다. 사랑과 그리움, 낙엽 쓰는 노인에 대한 연민 같은 것은 보편적 인간의 일반적 감정이지만, 시인은 개인적 체험의 특성과 언어적 미감으로 정서적 대상을 변환시킨다. '카페의 넓은 창에 비 내리는 날의 로맨스, 수평선보다 낮게 나는 새처럼' 잊으려 다짐해 보지만, '그래도 그리운 당신'은 시인의 개성적 서정 세계를 대변해 준다. 시인이 간명하게 일러 주듯 '삶을 견디어 가는 무한한 사랑은 집게발 힘을 모아서 살아가는 것'(「사랑한다면」)일 터이다. 「광화문에서」와 「그 별빛 그 밤바다」는 은월 시인의 고독과 사랑, 그리움과 연민의 시적 정조를 진지하게, 혹은 유장하게 천착한 매혹적인 작품이다.

꽃을 사랑하여 화초와 꽃나무를 심어 가꾸고, 농원을 마련하여 채소와 과실나무를 기르는 은월 김혜숙 시인은 다른 한편 가을부터 이른 봄까지 날마다 유치원을 방문하며 촬영하고 편집하여, 졸업앨범을 제작하는 직업인이다. 거기에 문인단체의 임원인 점까지를 고려하면 은월 시인은 억척스러운 면이 없지 않다. 그는 그런 일들을 다 감당해 내는 수완가이고, 대인관계에 있어서도 친화적인 시인이다.

꽃을 대상으로 한 일련의 작품들은 사물에 대한 시인의 집중과 통찰, 인식론적 사유와 천착, 독특한 직관적 형상력을 잘 보여주는 것이었다. 고된 밭농사를 지으며 자연과 농경의 이치를 깨달아 가고, 치열한 경쟁 사회에서 생활인으로서 겪게 되는 온갖 시련을 긍정의 마인드로 극복해 가는 지혜를 은월 시인은 넉넉히 시로 형상화하였다. 동시에 그는 사랑과 연민, 그리움과 이별 등의 정서적 담론을, 더불어 손잡고 살아가자는 공동체적 화합의 사상으로 승화시켜 내는 시의 영토를 마련한 것이다.

은월 시인은 시단의 방법적 시류에 흔들림이 없이 직

관적이고 포괄적인 자신의 고유한 시법을 개척해 왔다. 사물에 대한 관찰과 사유, 역동적 언어와 직통적 교감의 경이로움을 다시 보게 되기를 기대한다.*